BEI GRIN MACHT SICH IHR
WISSEN BEZAHLT

AF151426

- Wir veröffentlichen Ihre Hausarbeit,
  Bachelor- und Masterarbeit

- Ihr eigenes eBook und Buch -
  weltweit in allen wichtigen Shops

- Verdienen Sie an jedem Verkauf

Jetzt bei www.GRIN.com hochladen
und kostenlos publizieren

Litza Feld

Studienbrief zum Thema Koordination

GRIN Verlag

Bibliografische Information der Deutschen Nationalbibliothek:

Die Deutsche Bibliothek verzeichnet diese Publikation in der Deutschen National-
bibliografie; detaillierte bibliografische Daten sind im Internet über http://dnb.d-
nb.de/ abrufbar.

Dieses Werk sowie alle darin enthaltenen einzelnen Beiträge und Abbildungen
sind urheberrechtlich geschützt. Jede Verwertung, die nicht ausdrücklich vom
Urheberrechtsschutz zugelassen ist, bedarf der vorherigen Zustimmung des Verla-
ges. Das gilt insbesondere für Vervielfältigungen, Bearbeitungen, Übersetzungen,
Mikroverfilmungen, Auswertungen durch Datenbanken und für die Einspeicherung
und Verarbeitung in elektronische Systeme. Alle Rechte, auch die des auszugsweisen
Nachdrucks, der fotomechanischen Wiedergabe (einschließlich Mikrokopie) sowie
der Auswertung durch Datenbanken oder ähnliche Einrichtungen, vorbehalten.

Impressum:

Copyright © 2014 GRIN Verlag GmbH
Druck und Bindung: Books on Demand GmbH, Norderstedt Germany
ISBN: 978-3-656-67380-4

Dieses Buch bei GRIN:

http://www.grin.com/de/e-book/274390/studienbrief-zum-thema-koordination

GRIN - Your knowledge has value

Der GRIN Verlag publiziert seit 1998 wissenschaftliche Arbeiten von Studenten, Hochschullehrern und anderen Akademikern als eBook und gedrucktes Buch. Die Verlagswebsite www.grin.com ist die ideale Plattform zur Veröffentlichung von Hausarbeiten, Abschlussarbeiten, wissenschaftlichen Aufsätzen, Dissertationen und Fachbüchern.

Besuchen Sie uns im Internet:

http://www.grin.com/

http://www.facebook.com/grincom

http://www.twitter.com/grin_com

Studienbrief zum Thema Koordination

Litza Feld

Der Begriff Koordination & die Erläuterung der Basisfähigkeiten:

Unter Koordination versteht man das Zusammenspiel des Zentralnervensystems mit der Muskulatur innerhalb eines Bewegungsablaufes; kurz lässt es sich als „sinnvolles Zusammenspiel verschiedener Körperteile" beschreiben.
Nun gibt es nicht die Koordinationsfähigkeit schlechthin, die wie ein Muskel trainiert werden kann, vielmehr handelt es sich bei der Koordination um ein Zusammenspiel verschiedener Teilfähigkeiten.
Koordination wird bei vielen sportlichen Aktivitäten genauso wie im Alltag automatisch mit beansprucht. Es ist nicht oder nur eingeschränkt möglich, einzelne Fähigkeiten isoliert zu trainieren.

Diese Basisfähigkeiten spielerisch zu trainieren, kann eine wirkungsvolle Maßnahme sein, um Bewegungsabläufe und den Energieverbrauch zu ökonomisieren. Die koordinativen Fähigkeiten sind eine wesentliche Bedingung, um Bewegungshandlungen zielgerichtet zu steuern und Verletzungsgefahren zu mindern. Auch im Hinblick auf das Vermeiden von Stürzen ist ein Training der koordinativen Fähigkeiten – insbesondere bei Älteren – von großer Bedeutung.

Zu den koordinativen Basisfähigkeiten gehören:

kinästhetische Differenzierungsfähigkeit:	Die Differenzierungsfähigkeit spielt vor allem auf einem erhöhten Leistungsniveau eine entscheidende Rolle. Für eine Feinabstimmung der Bewegungskoordination müssen Informationen differenziert aufgenommen und verarbeitet werden. Dem kinästhetischen Analysator kommt dabei die größte Bedeutung zu. Unterschieden wird bei der Differenzierungsfähigkeit in Informationsaufnahme und Informationsverarbeitung.

Reaktionsfähigkeit:	Die Reaktionsfähigkeit wird definiert als die Fähigkeit auf ein Reize oder mehrere Reize aus der Umwelt möglichst schnell und zielgerichtet zu reagieren. Es wird dabei in mehrere Reaktionen unterschieden. Die Reaktionsfähigkeit ist somit in den meisten Sportarten von Bedeutung, ihre Trainierbarkeit ist jedoch sehr beschränkt. Die Reaktionsfähigkeit hängt eng mit der Umstellungsfähigkeit zusammen.
Kopplungsfähigkeit:	Die Kopplungsfähigkeit ist Hauptbestandteil der koordinativen Fähigkeiten. In allen Mannschaftssportarten und Rückschlagsportarten ist die Kopplungsfähigkeit die dominierende Fähigkeit. Sie ist gekennzeichnet durch die Koordination von Teilkörpern. Die einzelnen Teilimpulse können simultan oder sukzessiv koordinieren, um den Bewegungsfluss, den Bewegungsrhythmus, Bewegungstempo und Bewegungspräzision zu gewährleisten. Die einzelnen Teilkörper müssen zeitlich, räumlich und kraftmäßig aufeinander abgestimmt sein. Die Kopplungsfähigkeit ist eng mit den biomechanischen Prinzipien verbunden, die zur Erklärung von Teilimpulsen mit einbezogen werden müssen. Das Ziel einer sportlichen Bewegung resultiert oftmals aus der Kraftübertragung einzelner Teilkörper. So ist die Stoßweite beim Kugelstoßen ist nicht nur von der Stoß- bzw. Streckkraft der Armmuskulatur, sondern von Oberschenkelstreckmuskulatur, Rumpf- und Armmuskulatur abhängig. Die Kraft, die durch Streckung des Standbeins und Drehung des Oberkörpers entsteht, kann jedoch nur auf die Kugel übertragen werden, wenn die Bewegung unmittelbar aufeinander folgt.
Orientierungsfähigkeit:	Die Orientierungsfähigkeit ist definiert als Fähigkeit, die Lage des eigenen Körper im Raum zu bestimmen und zielgenau zu verändern. Neben dem visuellen Analysator sind der akustische, der taktile und der kinästhetische Analysator bestimmend für die Orientierungsfähigkeit. Die Orientierungsfähigkeit ist abhängig von den Bereits gemachten Erfahrungen in den Sportarten. Ein guter Fußballspieler erkennt Lücken in der gegnerischen Abwehr, die ein Anfänger nicht erkennt. In der eigenen Wohnung findet man sich bei völliger Dunkelheit besser zurecht als ein Fremder.
	Das Gleichgewicht des Menschen wird reflektorisch gesteuert. Der Mensch hat somit keine Möglichkeit

Gleichgewichtsfähigkeit:	willkürlich sein Gleichgewicht zu kontrollieren. Im Sport unterscheidet man in ein stabiles und dynamisches Gleichgewicht. Von einem stabilen Gleichgewicht spricht man, wenn der Körper in einer bestimmten Position verharren soll (Handstand). Befindet sich der Körper in Bewegung, bezeichnet man es als dynamisches Gleichgewicht. Hier wird zusätzlich die Bewegung in translatorisch (jogging) und rotatorisch unterschieden. Wird ein Objekt im Sport im Gleichgewicht gehalten, spricht man vom Gleichgewicht von Objekten. Dies ist in Ballsportarten und gymnastischen Elementen der Fall. Um den eigenen Körper im Gleichgewicht zu halten, spielen der kinästhetische Analysator und Vestibularapparat die bedeutendste Rolle. Dem taktilen und optischen Analysator kommen nicht allzu große Bedeutungen zu. Der Vestibularanalysator besitzt eine höhere Reizschwelle als der kinästhetische Analysator, ist daher bei dynamischen, großräumischen Lageveränderungen und Drehbewegung von Bedeutung. Das dynamische Gleichgewicht basiert auf dem Beschleunigungsempfindung des menschlichen Organismus. Handelt es sich um ruhige, langsame Bewegungen, so kommt dem kinästhetischen Analysator eine größere Bedeutung zu.
Umstellungsfähigkeit:	Treten während einer Bewegungsausführung plötzlich veränderte Situationen auf, muss der Spieler seine Handlung der neu entstandenen Situation zweckmäßig anpassen. Bei den sich verändernden Situation kann in erwartender und unerwarteter Veränderung unterschieden werden. In Sportspielen in denen eine Aktion vom Gegner abhängig ist, kann mit einer erwarteten Veränderung gerechnet werden. Hinsichtlich der ausführenden Bewegung kann unterschieden werden in beobachtbare Veränderung. Die Umstellungsfähigkeit ist abhängig von der Reaktionsschnelligkeit, das Erkennen der Veränderten Situation und der Bewegungserfahrung. Nur wer ein ausreichendes Bewegungsrepertoire besitzt, kann in sich verändernden Situationen zweckmäßig handeln.
Rhythmisierungsfähigkeit:	Die Rhythmisierungsfähigkeit besagt, einen vorgegebenen Rhythmus wahrzunehmen, ihn zu erkennen und die eigenen Handlungen diesem

	vorgegebenen Rhythmus anzupassen. Der vorgegebene Rhythmus ist z.B. eine Melodie, Bewegungen des Partners und des Gegners, oder des Balles. Weiterhin muss die eigene Bewegung an die sich verändernden Bedingungen der Umwelt angepasst werden.

Verlaufsplan eines Bewegungsangebotes

„Altersgruppe 3-6"

Einleitung –

Zeit	Inhalt	Päd. Kommentar	Organisation	Materialien
3 Minuten	Kinder in der Turnhalle in Empfang nehmen. Erklärung des Aufwärmspiels „Guten Tag".	Durch den Sitzkreis einstimmen auf die Stunde, Zusammengehörigkeitsgefühl schaffen – erste Kontaktaufnahme zwischen Übungsleiter und Gruppe		

Warmlaufspiel – Begrüßungsspiel „Guten Tag"

Zeit	Inhalt	Päd. Kommentar	Organisation	Materialien
Ca. 5 Minuten	Alle Kinder laufen in der Halle (nicht zusammenstoßen) - auf ein deutlich wahrnehmbares Zeichen durch den Spielleiter (Musikstop, Pfiff, Klatschen) versucht jedes Kind möglichst viele Kinder mit „Guten Tag" und - "Händeschütteln" - "Füßeschütteln" - "Knieschütteln" - "Poposchütteln"	„Guten Tag" dient zur Aufwärmung. Das Spiel fördert die Gruppendynamik (interaktives Miteinander).	Dieses Spiel bedarf keiner besonderen Organisationsform, die Teilnehmer bewegen sich frei im Raum.	Trillerpfeife

Hauptteil – Balla Balla

Zeit	Inhalt	Päd. Kommentar	Organisation	Materialien
10 Minuten	**Spiel 1:** Die Mitspieler stehen im Kreis. Der Spielleiter bringt einen Ball nach dem anderen ins Spiel. Die Aufgabe der Mitspieler ist es, alle Bälle immer in Bewegung zu halten. **Spiel 2 Variation:** Anzahl der Bälle verringern oder erhöhen • Bälle nur rollen, nur werfen oder nur prellen • Bälle nur mit den Händen berühren • Bälle nur mit den Füßen berühren (schießen) • Fußball nur mit dem linken Fuß, Tennisball nur mit dem rechten Fuß, Wasserball nur mit den Händen, ...	Dieses Fang und Wurfspiel fordert die Spieler auf die Orientierung nicht zu verlieren und diese zu verbessern. Neben der schnellen Erfassung der unterschiedlichen Wurfgegenstände lernen die Spieler ebenfalls, schnell zu reagieren um beispielsweise den Gegenstand nicht fallen zu lassen. Das Wurftempo zu variieren, wenn mehrere Materialien kreisen und auf die anderen Mitspieler zu achten. Die Ziele zusammengefasst sind: Reaktion, Differenzierung, Orientierung und Anpassung	Die TN stehen im Kreis im Abstand von ca. 1m. je Teilnehmer 1 Ball viele verschiedene Bälle, verschiedene Farben, Größen und Materialien (Gymnastikball, Tennisball, Tischtennisball, Igelball, Wasserball, Fußball, ...) 	je Teilnehmer 1 Ball, viele verschiedene Bälle, verschiedene Farben, Größen und Materialien (Gymnastikball, Tennisball, Tischtennisball, Igelball, Wasserball, Fußball, ...) **Spiel 2:**

Ausklang -

Zeit	Inhalt	Päd. Kommentar	Organisation	Materialien
5 Minuten	Alle Kinder kommen zusammen und bilden einen Sitzkreis auf dem Boden. Zur Entspannung legen sich alle auf den Rücken und strecken Arme und Beine aus. Anschließend gibt es eine kleine Reflexion mit Trinkmöglichkeit.	Der Ausklang dient der Entspannung & der Reflexion. Kinder kommen zur Ruhe.		3 Flaschen Wasser & Trinkbecher

Verlaufsplan eines Bewegungsangebote
„Altersgruppe 7-12"

Einleitung

Zeit	Inhalt	Päd. Kommentar	Organisation	Materialien
3 Minuten	Kinder in der Turnhalle in Empfang nehmen. Erklärung des Spiels „2 vor und einer zurück".	Durch den Sitzkreis einstimmen auf die Stunde, Zusammengehörigkeitsgefühl schaffen – erste Kontaktaufnahme zwischen Übungsleiter und Gruppe		

Warmlaufspiel - Jägerball

Zeit	Inhalt	Päd. Kommentar	Organisation	Materialien
Ca 8. Minuten	2-5 Jäger (mit Parteibändern) versuchen mit Softbällen andere Schüler/innen abzuwerfen. Die Getroffenen müssen mit gegrätschten Beinen stehen bleiben und dürfen erst dann wieder mitspielen, wenn sie durch andere Mitspieler erlöst werden (Durchkriechen durch die gegrätschten Beine).	„Jägerball" dient zur Aufwärmung. Das Spiel fördert die Gruppendynamik (interaktives Miteinander). Die Spieler scheiden bei diesem Spiel nicht aus. Reaktionsfähigkeit, Gleichgewichtsfähigkeit und Orientierungsfähigkeiten werden bei diesem Aufwärmspiel gefördert.	Dieses Spiel bedarf keiner besonderen Organisationsform, die Teilnehmer bewegen sich frei im Raum.	2-5 Bälle

Hauptteil – 2 vor-1 zurück

Zeit	Inhalt	Päd. Kommentar	Organisation	Materialien
15 Minuten	**Spiel 1:** Die Teilnehmer stehen im Kreis. Der Abstand beträgt dabei etwas mehr als eine Armlänge nach rechts und links. Der Spielleiter steht mit im Kreis. Er wirft das erste (rote) Sandsäckchen nach rechts zum übernächsten Teilnehmer (2 vor). Der wirft das Sandsäckchen (1 zurück) – also zum Teilnehmer der links neben ihm steht. Jetzt wird wieder 2 vor – also zum übernächsten Teilnehmer –	Dieses Fang und Wurfspiel fordert die Spieler auf die Orientierung nicht zu verlieren und diese zu verbessern. Neben der schnellen Erfassung der Sandsäckchen lernen die Spieler ebenfalls, schnell zu reagieren um beispielsweise das Säckchen in der richtigen Wurfreihenfolge weiter zu geben. Das Wurftempo zu variieren, wenn mehrere Sandsäckchen kreisen und auf die anderen Mitspieler zu	Dieses Spiel bedarf keiner besonderen Organisationsform. Die Kinder stehen im Kreis. 	**Spiel 1:** 2 Sandsäckchen (grün & rot) **Spiel 2:** 2-4 Sandsäckchen

achten.

nach rechts geworfen usw. Nach einigem Ausprobieren bringt der Spielleiter das zweite Sandsäckchen (grün) ins Spiel. Das zweite (grüne) Sandsäckchen wird genauso wie das

erste (rote) – immer 2 vor und 1 zurück – geworfen. In einer nächsten Runde kann dann das rote Sandsäcken nach rechts und das grüne nach links auf die Reise geschickt werden.

Irgendwann treffen die beiden Sandsäckchen natürlich aufeinander – jetzt ist in hohem Maße Konzentration und Koordination gefragt, aber andererseits auch Spaß garantiert.

Spiel 2 Variation:
Noch schwieriger wird es, wenn die beiden Sandsäckchen zwar in eine Richtung weitergegeben werden, dabei das rote immer 2 vor und 1 zurück, und das grüne jeweils 3 vor und 2 zurück geworfen wird.

1–2 Sandsäckchen starten rechts herum und 1–2 Sandsäckchen starten links herum.

Ausklang -

Zeit	Inhalt	Päd. Kommentar	Organisation	Materialien
5 Minuten	Alle Kinder kommen zusammen und bilden einen Sitzkreis auf dem Boden. Zur Entsp. legen sich alle auf den Rücken und strecken Arme und Beine aus. Anschließend gibt es eine kl. Reflexion mit Trinkmöglichkeit.	Der Ausklang dient der Entspannung & der Reflexion. Kinder kommen zur Ruhe.		3 Flaschen Wasser & Trinkbecher